Rainer Strobelt wurde 1947 in Ahlen/Westfalen geboren und lebt in Warendorf. Er verfasst Lyrik (neun Einzeltitel zwischen 1994 und 2015), Kurzprosa (zwei Bände mit der Kunstfigur *Strittig*, 2016 und 2018), Übersetzungen und Buchkritiken und trägt (auch in kroatischer Sprache) zum Blog „Ajfelov Most" des kroatisch-bosnischen Schriftstellers Miljenko Jergović bei.

„Ein (be-)merkenswerter Lyriker deutscher Sprache, dessen Name bereits in Gesellschaft von Kurt Schwitters, Christian Morgenstern und Joachim Ringelnatz genannt wird." Jens Liebich, literaturkritik.de (2017)

Auf www.rainer-strobelt-literatur.de nimmt Rainer Strobelt monatlich die Würdigung eines deutschen Wortes vor („Mond um Mond").

Rainer Strobelt

lüfte fragen

Gedichte

für uns

I. LICHTUNGSSCHMERZ

/du

maske

nur du

darfst mund und
meine

wangen sehn

schmatz

du bist
m

ein
kleinod

zuflucht

bei wem verbleib ich dann
bei dir

zu wem nimmst zuflucht du
bei mir

wer wächst zum paar heran
wohl wir

bra und alge

nennst du mir deine zähler
zähl ich dir meine nenner
ach besser wir sind liebende
und keine brüchekenner

gruben graben

so hör doch auf mich
hör doch auf

auf jeden erstbesten
zu hören

vier drei zwei eins

vor
vier wochen

jene
drei tage

für uns
zwei menschen

einmalig

morgenrot

mein schönster tag
schwänli
der abend als
du zurückkehrtest
zu unsrer nacht

dazu stehen

an mir soll es
nicht liegen
wenn du sitzt

an gekräut

die magnolie blüht
auf gehst auch
du

häkelkurs

ich umarme dich
du umbeinst mich
wir umgarnen einander

lichtungsschmerz

gestern hier mit reh zusammen
steh ich heut in lonelyflammen

alterst mir mein dickichtherz

unser roman

nächte
schön wie

der eine
tag

um sechzehnhundert

was für ein glück
dass wir zu zweit sind
dazu noch einen dreier haben

grabesliebe

eva mit verlaub
bin aus staub

gestatten adam
knöchern gleichsam

treffen

du kommst
und ich ich geh
du
du bist die sonne
und ich der schnee

annetten zu

ins schilf zum moor
raschelndem hin
das ohr die nas
an quellendes gemüpf

strecke

ein ich ein du ein wir
doch auf der strecke

ihr

II. MACHTSPIELCHEN

/mensch

mitmensch

mensch
komm doch
mit

äugelei

ich lieb
äugle

du lieb
äugelst

ihr lieb
äugelt

mit uns
natürlich die

wir alle so lieb
äugeln

machtspielchen

hol
hol das
hol das alles
hol das alles auf

einmal
auf
auf

nur dieses

eine mal

haltung

es liegt an dir
mein setzling
wie du einst dastehst

knie also nieder

cogito ergo hmm

kenne alles
weiß von nichts

sud

mütter machen kirschkompott
kinder schmieden kindskomplott
väter gehen bald
bankrott

abläufe

der mütter auflauf macht uns scheinbar stark
der väter auflauf dann zu sichrem quark

lauf lauf
von jedem hingestellten sarg

üüü

wenn die mütter sterben
drehen sich die schlüssel
in der küchen

schloss

usw

das wissen um das küssen
ist neuerdings zerschlissen
man kost sich schließlich digital
das mit den lippen war einmal

nachfolge

ein ochs steht an der krippe
ein kind das liegt darin

die mutter hat gebetet
damit ich jesus bin

sexist biker

nehme schwer
an du bist leicht
läufig äh gängig

risikogruppen

du
und du
und du und du
ihr seid alt gehört dazu

ich
und du
und ich und du
wir sind jung juchhu juchhu

geriatrische schlachten

ich kann das
schon

noch

sein

er
kann nicht anders
sie
kann nicht anders
es
kann nicht anders

sein

stift

nie reicht der vater
an die mutter ran

weil er zwar leben stiften
doch nicht geben kann

faunagut

mund
schutz vor der
nase

nase
schutz vor dem
mund

abgeschottete menscheneinfallstore
schutz für
has und hund

orbit

ich schnalle mich an
du kreist dich ein
wir erblicken uns
dann
und wann

prozess

ich vernehme
es

clown

um den clown
welch ernster saum

an humor
solch trauerflor

mauerblümchen

nicht einmal die irrenden
verlieren sich
zu dir

lüfte fragen

kann mir irgendjemand sagen
wo es hier zur wahrheit geht

klar musst bloß die lüfte fragen
wo ihr schönster zweifel weht

III. NATUR VERLAUF

/land

der verpasste frühling

hatte mich verwandert
habe überwintert

höhlenaugen
sommertags

an eckern nichts zu meckern

bucheckern prasseln
ein sturm zieht auf

noch noch
kann natur verlauf

herbst muss
muss es ja

den sommern vermasseln

land sehen

hörst du den irdneren schrei
schmeckst du das süßere salz
fühlst du den sand dir im nacken

riechst du den zimt

welle

ich laufe dahin
du gluckst einher
wir landeten an

und branden ins meer

grün

der undurchsichtige busch vor
meinem fenster lässt tief
blicken in die schmach
eurer wohl offenen öde

farbdiktat

die röteste beere
pickt die amsel
graut der morgen grad

ästhetik und kehrdienst

die blätter fallen
mir wirds
zu bunt

elster

ich steh im lockren bund mit einer schieberbande
wohnhaft an einem sund im schwemmlandsande

die sache läuft geschäftlich eher so am rande
weil ich als inlandelster so selten meernah lande

trabanten

stehe im küstensonnenschein
lade den mond ins
boot mit ein

wuldeslast

ich strauch
ele
du strauch
elst
wir sträucher
elen

den wüsten

zu

erde

die luft wird knapp
da seh ich ab von mir
geb meine dir

die luft wird knapp
da siehst du ab von dir
gibst deine mir

die luft wird knapp
da sehn wir ab von uns
und geben ihr

chimäre

wie schön das wär ein
wenig regen
fiele

schwer begreiflich

wir sch
alten
und wir w
alten
bis wir er

kalten

käfer

der schläfer hat den mund so offen
für all die käfer hat sich das getroffen
sie hatten selten würziger zu hoffen
jetzt sind auch selig sie besoffen

fokus

tiere
menschen
pflanzen
und die zukunft

der steine

leben

du warst ein weh
du warst ein glück

jetzt da ich geh
kehrst du zurück

anschluss

du starbst
uns vor

ich leb
dir nach

das leben

es zieht an
einem

vorbei

gezeiten

und dann verstand ich noch
halbwegs
doch da bist du weg
ganz

IV. SEELENHERDEN

/nebel

dickfüttern

in kohlhaasens verlassenen pferden
führt aufs versengte weideland kleist
all seine verscheuchten seelenherden

nebelkerzen

nebel
nebel
nebel
nebel

ur
nebel
nebel
nebel

groß
nebel
nebel

eltern
dunst

wir die kunst

kinder
dunst

enkel
nebel
nebel

ur
nebel
nebel
nebel

nebel
nebel
nebel
nebel

mit jeder weiteren stunde

im stau
wird mir flau

bin ich mann oder bin ich frau
weiß es zunehmend gar nicht mehr genau

belle bei geöffneter seitenscheibe wau wau
bin also weder mann noch frau bin jetzt chow chow

ewiger schiller

welch ein schiller doch das weiße blatt
roter blutsturz
der auch grünes plasma hat
schwarzer schlundling träg und matt
blauer runway
schwemmlandtypenstadt

order und schwall

stell dich doch
stell dich doch nicht so
stell dich doch nicht so an

mein gott stell dich doch
wenigstens

knoss

frei nach heinrich böll

tourist verlässt du knoss
tus per esel
nicht auf hohem ross

kafka will den gürtel

man
legt los
tänzelt vor
bleibt zurück

es
schlägt ein
haut mich um

ein handtuch liegt
der richter steht

im nebel

schwert

in memoriam Jürgen Elbers

dich seh ich
da bist du
mich siehst du
da bin ich
wir sehen uns

nicht mehr

V. HANDSTREICH

/sand

letzte seite meiner kladde

warst treu
hast dich oft geöffnet

meinem drängen
meiner scham
ihrer losigkeit
meinem erguss

leg dich nun ab
unter altem wortekuss

grundbücher

der baum hier
bleibt
da

softpair

erster text auf neuem rechner

ich
rechne mit dir zähle auf dich
wir
stellen uns ein

tausch

ich habe kummer
aber keinen kasten

du hast einen kasten
aber keinen kummer

gibst du mir deinen
geb ich dir meinen

sekündli

minütlich
schlägt mir die stunde

drum verlieb ich mich
jetzt unsterblich

in eine jede hochhackige
sekunde

narrisch

das geklapper
von cloggs

i mogs

landen

was bleibt einem vers
in wüsten
landen

außer hübsch ver
sanden

homöopathie

deine wunde blutet
mein blick

wund
stillt sie

das schöne an lyrik

ich vers
taue
etwas
auf
immer wiedersehn

lingua hybrida

in begleitung
einer mutterseele
dazu noch
eines splitters
trotzdem

so allein und nackt

t

ich wandre und ich wundre
mich

denn ich treff
dich

nich

von der messe in die messe

du liebe güte
was für
hüte

aufgepfropft

pax
paix
pace
peace

lasst mich in
pfrieden
mit euren
pfremdsprachen

ein model fordert ein

willst du mich nicht
malen kannst du mich

mal

tintenfisch

ich vers
ink
e

wanderschaft

mit die jrammatik
hatt ick nie wat an hut

aber rechschreibung
die jrüß ick ma

widerstand

aus den augen aus dem sinn
drum zu den ohren
jeder nas
und allen fingern hin

uchen

ich vers
uche schön
zu sein

der zustand dieser welt

dr
amati
(zu ti)
sch
(bitte)

verf ügt

ich verf
üge

allein schon sprachlich

über jede menge l
üge

plural zu trug setz ich nämlich fest als tr
üge

und zwei kluge menschen sind laut mir zwei kl
üge

handstreich

verse sind fingernder sand
du lässt ihn

zer
rinnen

zwei körner
dein bleibendes land

versessen

ich vergaß zu verwesen
vergnügt begann ich wieder
vers um vers zu lesen

BONUS

/staub

monsieur herr gospodin

mit verlaub
madame
ward schon zu staub

dommage
dommage
mais pas blamage

c'est la vie
madame
n'est-ce pas

la vie
madame
a Vi

a sada Vi

kroatisch – deutsch:
gospodin – Herr
a Vi (sprich: wie) – und Sie
a sada Vi – und Sie jetzt

INHALT

1. Auflage April 2021

Detaillierte bibliographische Daten sind unter http://dnb.ddb.de

bei der Deutschen Nationalbibliographie abrufbar.

Konzeption, Layout, Umsetzung: (c) www.chiliverlag.de

ISBN 978-3-943292-91-6

Erschienen im **chiliverlag** (Auswahl):

Klára Hůrková, Licht in der Manteltasche. Gedichte

ISBN 978-3-943292-86-2

Wolfgang Oppler, Zimtrausch, Kaufbaum, Tannenstern

Weihnachtsgeschichten

ISBN 978-3-943292-83-1

Rolf Birkholz, Das Fell der Welt. Gedichte

ISBN 978-3-943292-80-0

Eva Masthoff, Vom Geschmack der Erinnerung. Erzählungen

ISBN 978-3-943292-77-0

Fritz Deppert, Rückrufe. Gedichte

ISBN 978-3-943292-73-2

Fritz Deppert, Klagelied winterzu. Gedichte

ISBN 978-3-943292-57-2

Franziska Röchter (Hg.), wir wölfe. Gedichte

ISBN 978-3-943292-45-9

Franziska Röchter (Hg.), Herzschlaf.

Gedichte und Kurzprosa

ISBN 978-3-943292-35-0

Alex Dreppec, Tanze mit Raketenschuhen – Dance with Rocket Shoes

Science Slam Poetry

ISBN 978-3-943292-50-3

Franziska Röchter, *Artenvielfalt* – Gedichte
für ein besonderes Kind
2020, 84 Seiten, illustriert
Hardcover: 978-3-943292-87-9
Softcover: 978-3-943292-89-3